Ferien-Stars
1

Erarbeitet von

Jasmin Brune
Daniela Elsner
Stefanie Gleixner-Weyrauch
Marion Lugauer
Sabine Schwarz

Illustriert von
Irmtraud Guhe

Cornelsen

Inhalt

Hallo, ich bin Lotta. Schön, dass du mit uns Abenteuer erleben möchtest!

Hallo, ich bin Paul.

Hallo, ich bin Toni.

Hallo, ich bin Peppi. Lotta, Paul, Toni und ich nehmen dich mit auf unsere Ferien-Abenteuer. Zusammen werden wir viel erleben und eine Menge Spaß haben. Wenn es schwierig wird, gebe ich Tipps und helfe dir.

Hurra, endlich Ferien! Lotta, Paul, Toni und Peppi sind auf dem Abenteuerspielplatz.

1 Finde Lotta, Toni, Paul und Peppi im Bild oben. Kreise sie in der entsprechenden Farbe ein.

Kreise Lotta rot ein.

Kreise Toni blau ein.

Kreise Paul grün ein.

Kreise Peppi braun ein.

2 Verbinde das Bild mit dem passenden Wort.

	Wippe
	Hose
	Roller
	Schaukel
	Sonne
	Sandkasten
	Affe

3 Lies die Wörter. Zeichne unter jedes Wort die Silbenbögen.

Spielplatz	Klettergerüst
Ball	Seilbahn
Eimer	Sand

Sprich das Wort laut und klatsche die Silben.

(4) Finde den Wortanfang.

Schnu Schna		bel	
Schi Scho		kolade	
Schu Schi		le	
Schu Scha		he	
Scho Sche		re	
Schrau Schrö		be	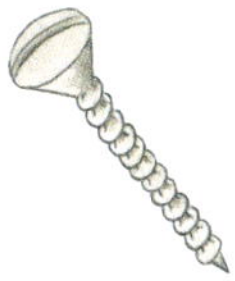
Schlös Schlüs		sel	

5 Setze die Silben zu Wörtern zusammen und schreibe sie auf. Jeweils eine Silbe ist zu viel. Streiche sie durch.

mer Ei mel

Schau ler fel

te Kis le

ke te Ra tu

ren zen ran Schul

Gum fal stie fel mi

nen bril le li Son

1 Welche Zahl fehlt? Rechne.

2 Immer 10: Welche Ballons von Toni und Lotta gehören zusammen?
Male sie in der gleichen Farbe an.

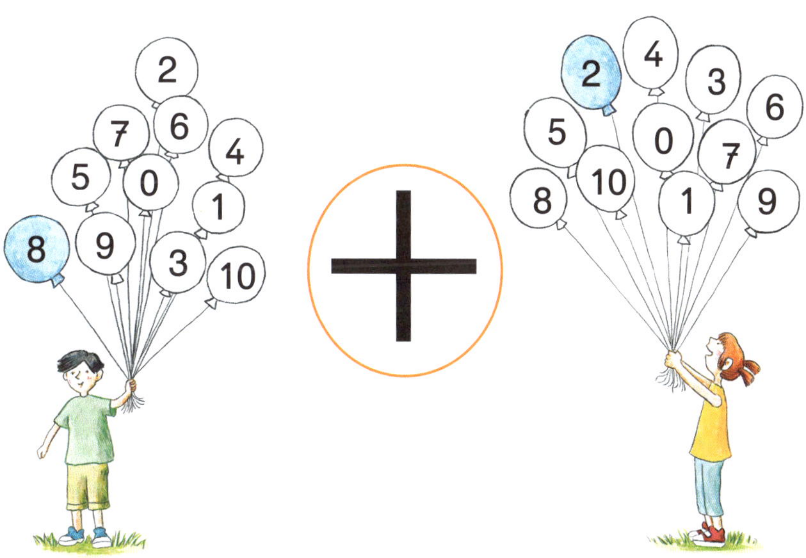

3 Rechne.

7 + 2 = ______ 3 + 5 = ______

17 + 2 = ______ 13 + 5 = ______

3 + 7 = ______ 2 + 6 = ______

13 + 7 = ______ 12 + 6 = ______

5 + 4 = ______ 1 + 8 = ______

15 + 4 = ______ 11 + 8 = ______

4 Ordne die Zahlen der Größe nach.

3	7																		

5 Male weiter an.

6 Setze die Muster fort. Male an.

1 Lies den Text. Male an und ergänze.

Auf der Wiese wachsen zwei gelbe Blumen.
Zwei Bienen fliegen um die Blumen herum.
Am Baum hängen fünf rote Äpfel.
Über dem Baum fliegen zwei braune Vögel.
Rechts neben dem Baum steht ein Haus.
Das Haus ist blau. Das Dach ist braun.
Das Haus hat ein grünes Fenster und eine gelbe Tür.
Vor der Tür liegt ein blauer Ball.

2 Lies die Wörter. Zeichne die Silbenbögen darunter. Markiere dann die Vokale gelb.

Sonnenblume Vogelnest Grashalm Schmetterling

Regenwurm Amsel Fußballtor

a, e, i, o, u klingen allein. Man nennt sie Vokale. In jeder Silbe kommt ein Vokal vor.

3 Kannst du die Wörter lesen? Ergänze die Vokale und schreibe die Wörter auf.

Ananas — Ananas

B_n_n_

Apf_l

K_w_

B_rn_

M_l_n_

Z_tr_n_

4 Lies. Welches Wort passt? Schreibe.

Die ______ fliegt. (Biene / Birne)

Die Blume ______. (bläst / blüht)

Im Sommer ist es ______. (heiß / weiß)

Die Frösche ______. (quaken / quatschen)

Die ______ leuchten. (Steine / Sterne)

Pflanzen haben ______. (Wurzeln / Warzen)

5 Verbinde die Gegensätze.

weich	trocken
kalt	klein
groß	leise
dunkel	sauer
laut	warm
nass	hart
süß	hell

6 In jedem Wort hat sich ein Tier versteckt. Kreise es ein. Verbinde mit dem Bild.

Fliegenpilz

Bienenhonig

Leseratte

Vogelnest

Kuhmilch

Mistkäfer

Pferdeschwanz

Bücherwurm

Schreibe deine drei Lieblingstiere auf. Markiere die Vokale.

① Rechne.

② Was passt zusammen? Verbinde Text, Bild und Rechnung.

Text	Bild	Rechnung
10 Vögel sitzen auf dem Ast. 2 fliegen weg.		5 + 8 = ____
Paul hat 5 Murmeln. Lotta hat 8 Murmeln.		9 + 2 = ____
9 Bienen sitzen auf einer Blume. 2 kommen dazu.		10 – 2 = ____

③ Kreuze die Figuren an, bei denen die rote Linie eine Spiegelachse ist.

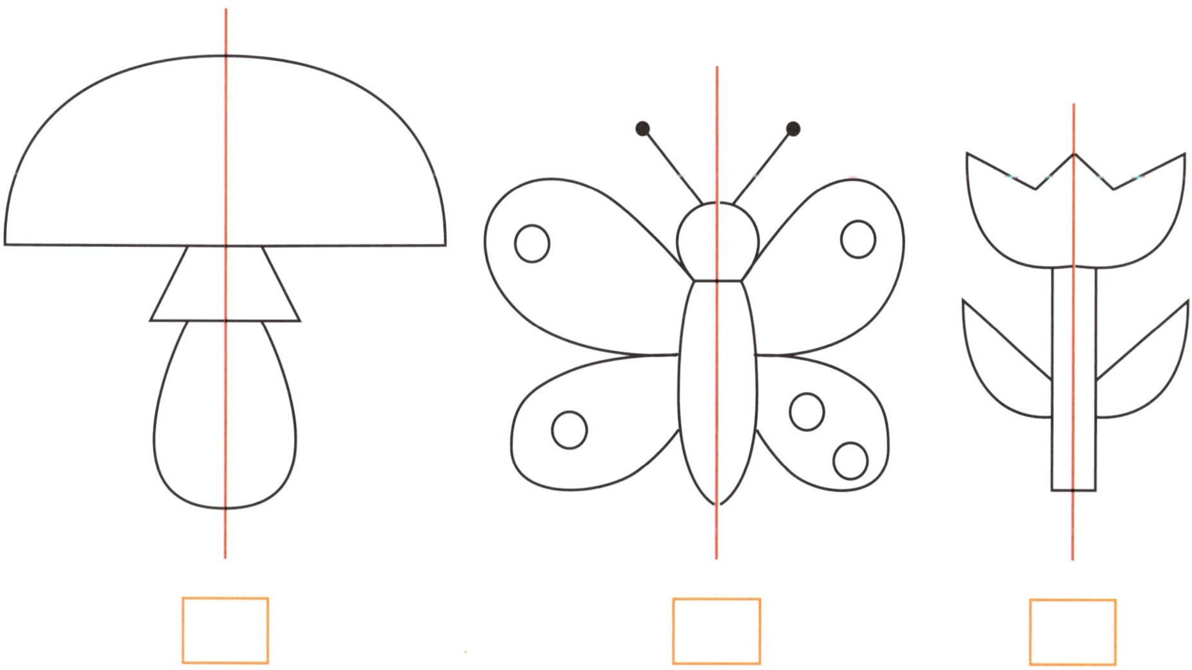

④ Spiegele die Figur an der Spiegelachse. Zeichne fertig.

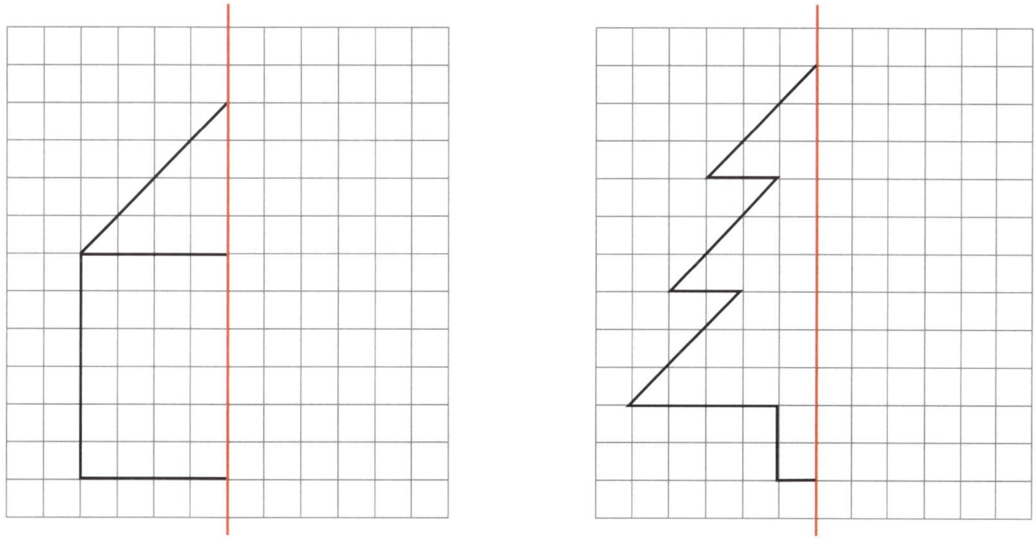

(4) Rechne und trage ein.

18 – 1 = 17 oder
17 + 1 = 18

5 Trage Rechenbefehle und Ergebnisse ein.

1 Lies. Setze am Ende jedes Satzes einen roten Punkt.

Lotta, Toni und Paul sind im Museum Hier gibt es viele Dinosaurier Die Kinder staunen Ein Dinosaurier ist sehr groß Es ist der Brontosaurus Da bewegt sich etwas hinter dem Dinosaurier Die Kinder erschrecken sich Doch es ist nur Peppi Er turnt auf dem Rücken des Dinosauriers Nun müssen alle lachen

2 Lies. Beantworte die Fragen.

Wo sind die Kinder?

Was gibt es dort zu sehen?

Wer turnt auf dem Dinosaurier?

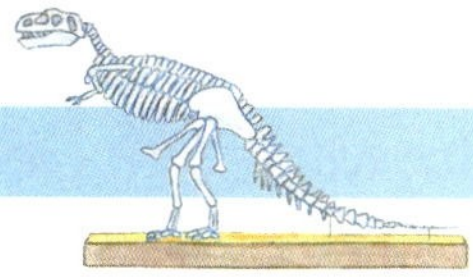

3 Lies die Sätze. Schreibe sie richtig ab.

Lies den Satz aufmerksam. Merke dir einen Teil. Schreibe ihn auswendig auf. Kontrolliere genau mit der Vorlage.

Die Kinder besuchen das Museum.
Sie sehen viele Dinosaurier.
Peppi erschreckt die Kinder.
Der Ausflug hat großen Spaß gemacht.

4 Lies und male aus.

1 = dunkelgrün
2 = braun
3 = hellgrün
4 = orange
5 = rot
6 = gelb

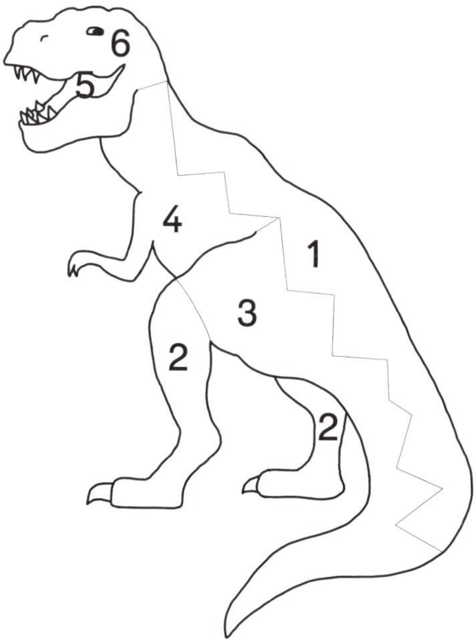

Nomen oder Namenwörter schreibe ich groß. Sie können in der Einzahl und Mehrzahl stehen. Nomen haben einen Begleiter, den Artikel: der, die, das

5 Schreibe die Nomen in der Mehrzahl.

das Kind – die Kinder

der Affe – die

die Jacke – die

die Karte – die

das Bild – die

die Treppe – die

6 Schreibe die passenden Nomen auf.

das Museum 

die 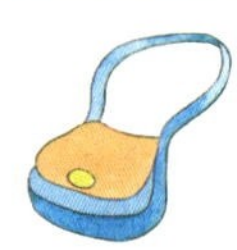

das 

der 

die 

Tür Affe Tasche ~~Museum~~ Geld

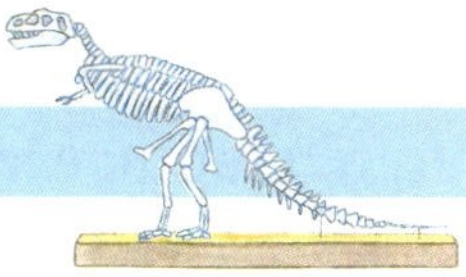

⑦ Löse die Rätsel.

Ich sehe was, was du nicht siehst…

… und das ist braun und grün: der

… und das ist rot und rund: der

… und das ist gelb: die

… und das ist grün und steht auf der Straße: der

… und das ist braun und sitzt im Baum: der

Ball	Baum	Haus	Affe	Bus	Bank	Pullover

Nach den Dinosauriern gehen Lotta, Toni und Paul zu den alten Uhren.

Der große Zeiger ist der Minutenzeiger. Der kleine Zeiger ist der Stundenzeiger.

① Lies die Uhrzeiten ab und trage beide Möglichkeiten ein.

8 Uhr
20 Uhr

_____ Uhr
_____ Uhr

_____ Uhr
_____ Uhr

_____ Uhr
_____ Uhr

_____ Uhr
_____ Uhr

_____ Uhr
_____ Uhr

_____ Uhr
_____ Uhr

_____ Uhr
_____ Uhr

5 Uhr morgens oder **17 Uhr** nachmittags.

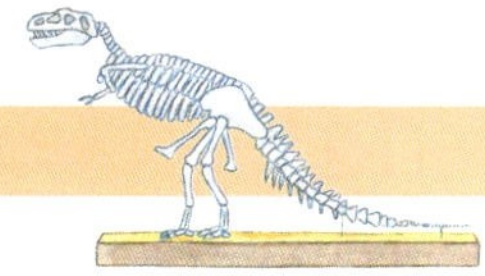

2 Schaue dir Peppis Tag an. Trage die Uhrzeiten ein.

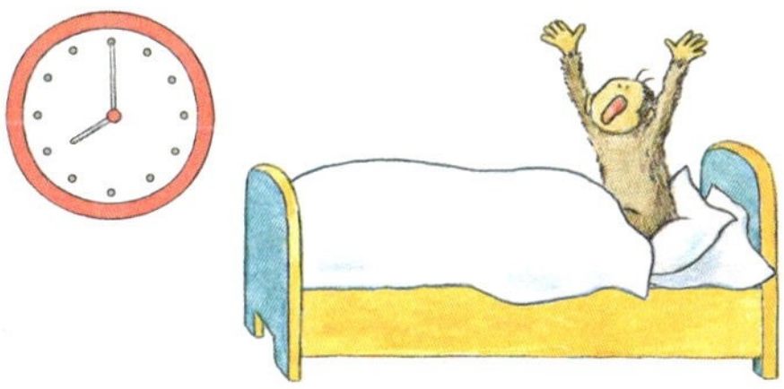

_____ Uhr

_____ Uhr

_____ Uhr

_____ Uhr

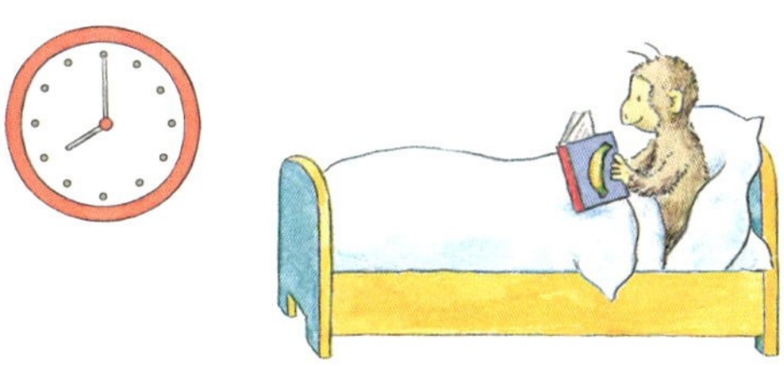

_____ Uhr

_____ Uhr

Und wann stehst du morgens auf?

3 Rechne. Trage die passenden Buchstaben ein.

9 + 8 = ______ ☐

14 − 7 = ______ ☐

7 − 2 = ______ ☐

8 + 5 = ______ ☐

11 − 9 = ______ ☐

13 − 5 = ______ ☐

4 + 4 = ______ ☐

16 − 14 = ______ ☐

6 + 8 = ______ ☐

20 − 3 = ______ ☐

10 − 8 = ______ ☐

17 − 11 = ______ ☐

9 − 4 = ______ ☐

6 + 5 = ______ ☐

E	H	U	C	N	R	K	D	I
2	5	6	7	8	11	13	14	17

Lösungssatz:

______ ______ ______ ______ .

Mit den Ferien-Stars üben und sichern die Kinder auf spielerische Weise wichtige Lerninhalte aus dem ersten Schuljahr in den Fächern Deutsch und Mathematik. Vielfältige Übungen und zahlreiche Illustrationen motivieren die Kinder dazu, bereits Gelerntes selbstständig zu wiederholen und anzuwenden. Die drei Kinder Lotta, Toni und Paul erleben viele Abenteuer, die mit abwechslungsreichen Übungen verknüpft werden. Der Affe Peppi begleitet die Kinder dabei und gibt wertvolle Tipps und Hilfestellungen zur Lösung der Aufgaben. Die Themenbereiche in den einzelnen Kapiteln können unabhängig voneinander bearbeitet werden. Es kann flexibel entschieden werden, mit welchem Kapitel begonnen wird. Die Kinder können jede bearbeitete Seite mithilfe des Lösungsteils selbstständig kontrollieren. Für jede vollständig ausgefüllte Seite dürfen sich die Kinder mit einem Sternchenaufkleber belohnen. Die Ferien-Stars ermöglichen die zwanglose Wiederholung des Stoffes und bereiten somit umfassend auf das zweite Schuljahr vor.

Lösungen Ferien-Stars 1

(Zum Heraustrennen die mittlere Klammer lösen)

Auf dem Abenteuerspielplatz: Deutsch

Hurra, endlich Ferien! Lotta, Paul, Toni und Peppi sind auf dem Abenteuerspielplatz.

① Finde Lotta, Toni, Paul und Peppi im Bild oben. Kreise sie in der entsprechenden Farbe ein.

Kreise Lotta rot ein. | Kreise Toni blau ein. | Kreise Paul grün ein. | Kreise Peppi braun ein.

3

② Verbinde das Bild mit dem passenden Wort.

Wippe

Hose

Roller

Schaukel

Sonne

Sandkasten

Affe

③ Lies die Wörter. Zeichne unter jedes Wort die Silbenbögen.

Spielplatz	Klettergerüst
Ball	Seilbahn
Eimer	Sand

Sprich das Wort laut und klatsche die Silben.

④ Finde den Wortanfang.

Schnu Schna	Schna	bel
Schi Scho	Scho	kolade
Schu Schi	Schu	le
Schu Scha	Schu	he
Scho Sche	Sche	re
Schrau Schrö	Schrau	be
Schlös Schlüs	Schlüs	sel

⑤ Setze die Silben zu Wörtern zusammen und schreibe sie auf. Jeweils eine Silbe ist zu viel. Streiche sie durch.

Eimer	mer Ei ~~met~~
Schaufel	Schau ~~ler~~ fel
Kiste	te Kis ~~le~~
Rakete	ke te Ra ~~tu~~
Schulranzen	~~ren~~ zen ran Schul
Gummistiefel	Gum ~~fal~~ stie fel mi
Sonnenbrille	nen bril le ~~li~~ Son

① Welche Zahl fehlt? Rechne.

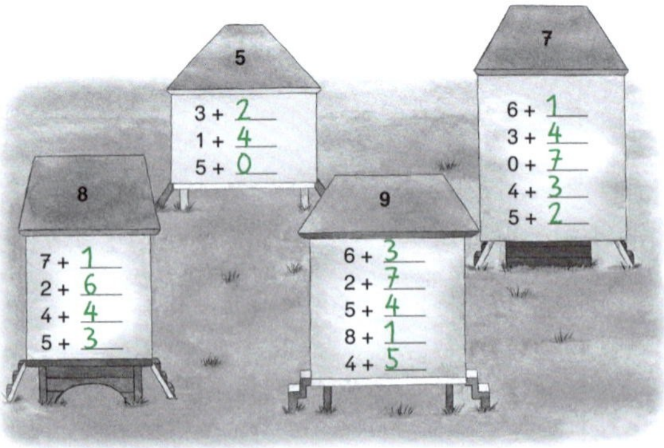

② Immer 10: Welche Ballons von Toni und Lotta gehören zusammen? Male sie in der gleichen Farbe an.

0 + 10, 1 + 9, 2 + 8, 3 + 7, 4 + 6, 5 + 5, 6 + 4, 7 + 3, 8 + 2, 9 + 1, 10 + 0

③ Rechne.

7 + 2 = 9	3 + 5 = 8
17 + 2 = 19	13 + 5 = 18
3 + 7 = 10	2 + 6 = 8
13 + 7 = 20	12 + 6 = 18
5 + 4 = 9	1 + 8 = 9
15 + 4 = 19	11 + 8 = 19

④ Ordne die Zahlen der Größe nach.

3	7	11	13	19	8	10	16	18	20	4	8	9	15	19	3	8	16	17	19

⑤ Male weiter an.

b = blau, r = rot, g = gelb

⑥ Setze die Muster fort. Male an. r = rot, g = gelb

		r	g	r	g	r	g	r	g	r	g	r

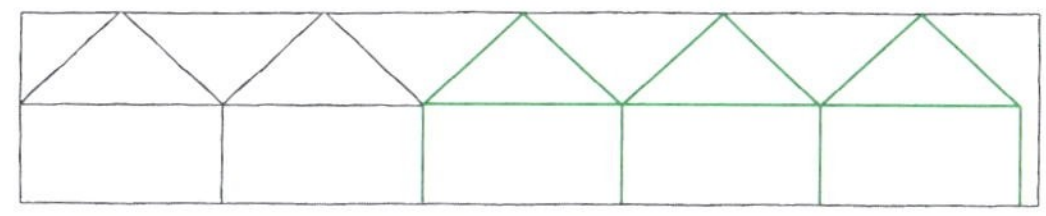

① Lies den Text. Male an und ergänze.

Auf der Wiese wachsen zwei gelbe Blumen.
Zwei Bienen fliegen um die Blumen herum.
Am Baum hängen fünf rote Äpfel.
Über dem Baum fliegen zwei braune Vögel.
Rechts neben dem Baum steht ein Haus.
Das Haus ist blau. Das Dach ist braun.
Das Haus hat ein grünes Fenster und eine gelbe Tür.
Vor der Tür liegt ein blauer Ball.

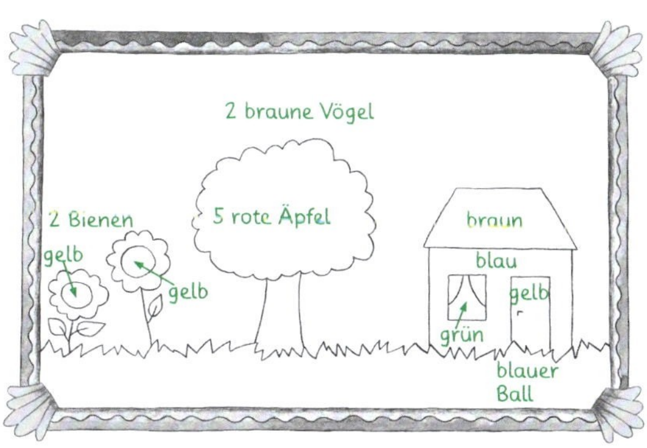

② Lies die Wörter. Zeichne die Silbenbögen darunter. Markiere dann die Vokale gelb.

Sonnenblume   Vogelnest   Grashalm   Schmetterling

Regenwurm   Amsel   Fußballtor

a, e, i, o, u klingen allein. Man nennt sie Vokale. In jeder Silbe kommt ein Vokal vor.

③ Kannst du die Wörter lesen? Ergänze die Vokale und schreibe die Wörter auf.

Ananas	Ananas
Banane	Banane
Apfel	Apfel
Kiwi	Kiwi
Birne	Birne
Melone	Melone
Zitrone	Zitrone

④ Lies. Welches Wort passt? Schreibe.

Die Biene fliegt. (Biene / Birne)

Die Blume blüht. (bläst / blüht)

Im Sommer ist es heiß. (heiß / weiß)

Die Frösche quaken. (quaken / quatschen)

Die Sterne leuchten. (Steine / Sterne)

Pflanzen haben Wurzeln. (Wurzeln / Warzen)

⑤ Verbinde die Gegensätze.

weich	trocken
kalt	klein
groß	leise
dunkel	sauer
laut	warm
nass	hart
süß	hell

⑥ In jedem Wort hat sich ein Tier versteckt. Kreise es ein. Verbinde mit dem Bild.

Fliegenpilz
Bienenhonig
Leseratte
Vogelnest
Kuhmilch
Mistkäfer
Pferdeschwanz
Bücherwurm

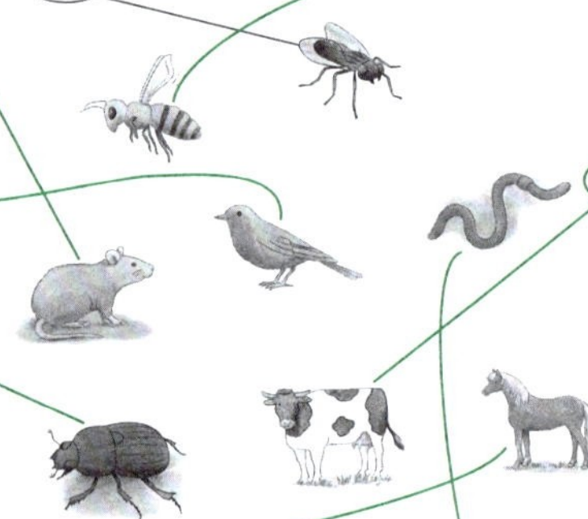

Schreibe deine drei Lieblingstiere auf. Markiere die Vokale.

individuelle Lösung

① Rechne.

② Was passt zusammen? Verbinde Text, Bild und Rechnung.

10 Vögel sitzen auf dem Ast. 2 fliegen weg.

Paul hat 5 Murmeln. Lotta hat 8 Murmeln.

9 Bienen sitzen auf einer Blume. 2 kommen dazu.

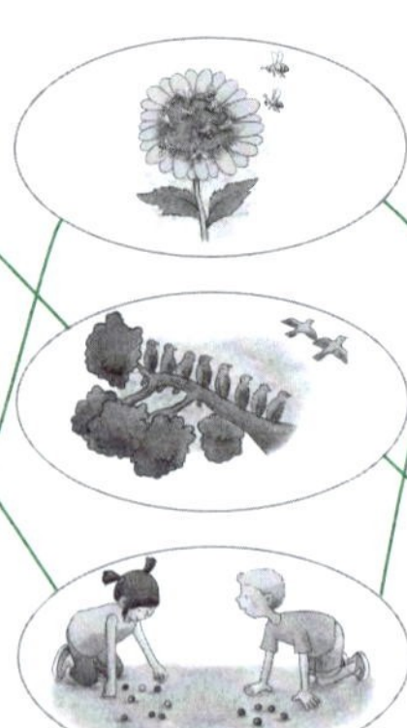

5 + 8 = 13

9 + 2 = 11

10 – 2 = 8

③ Kreuze die Figuren an, bei denen die rote Linie eine Spiegelachse ist.

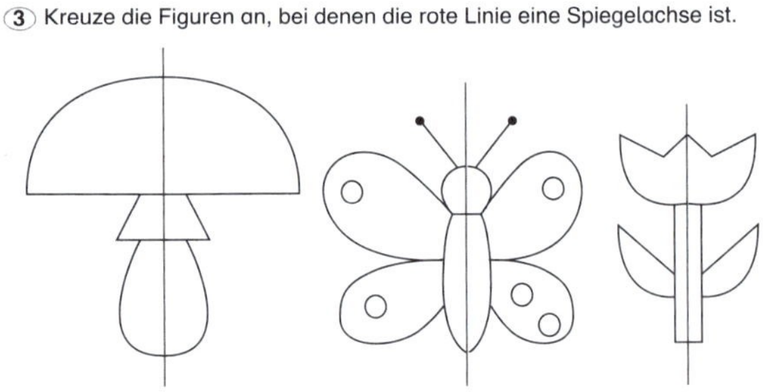

X | | X

④ Spiegele die Figur an der Spiegelachse. Zeichne fertig.

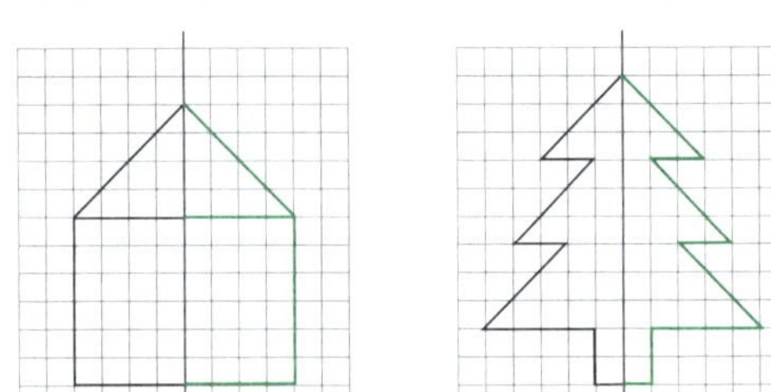

④ Rechne und trage ein.

18 – 1 = 17 oder
17 + 1 = 18

⑤ Trage Rechenbefehle und Ergebnisse ein.

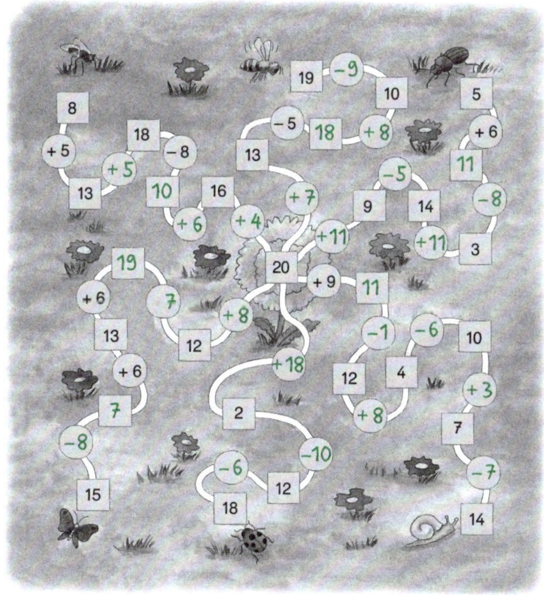

① Lies. Setze am Ende jedes Satzes einen roten Punkt.

Lotta, Toni und Paul sind im Museum. Hier gibt es viele Dinosaurier. Die Kinder staunen. Ein Dinosaurier ist sehr groß. Es ist der Brontosaurus. Da bewegt sich etwas hinter dem Dinosaurier. Die Kinder erschrecken sich. Doch es ist nur Peppi. Er turnt auf dem Rücken des Dinosauriers. Nun müssen alle lachen.

② Lies. Beantworte die Fragen.

Wo sind die Kinder? im Museum

Was gibt es dort zu sehen? Dinosaurier

Wer turnt auf dem Dinosaurier? Peppi

③ Lies die Sätze. Schreibe sie richtig ab.

Lies den Satz aufmerksam. Merke dir einen Teil. Schreibe ihn auswendig auf. Kontrolliere genau mit der Vorlage.

Die Kinder besuchen das Museum.
Sie sehen viele Dinosaurier.
Peppi erschreckt die Kinder.
Der Ausflug hat großen Spaß gemacht.

Die Kinder besuchen das Museum.
Sie sehen viele Dinosaurier.
Peppi erschreckt die Kinder.
Der Ausflug hat großen Spaß
gemacht.

④ Lies und male aus.

1 = dunkelgrün
2 = braun
3 = hellgrün
4 = orange
5 = rot
6 = gelb

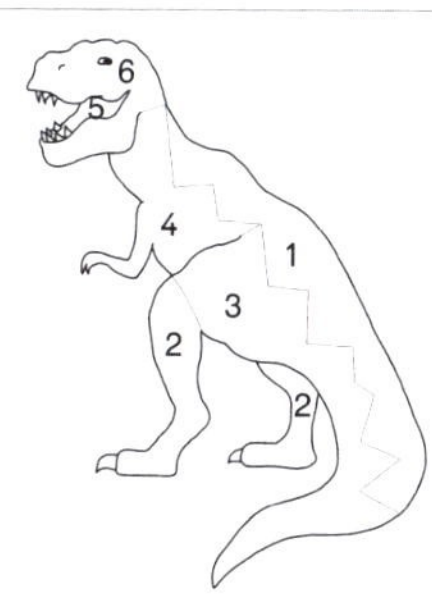

(5) Schreibe die Nomen in der Mehrzahl.

> Nomen oder Namenwörter schreibe ich groß. Sie können in der Einzahl und Mehrzahl stehen. Nomen haben einen Begleiter, den Artikel: der, die, das

das Kind – die Kinder

der Affe – die Affen

die Jacke – die Jacken

die Karte – die Karten

das Bild – die Bilder

die Treppe – die Treppen

(6) Schreibe die passenden Nomen auf.

das Museum 

die Tasche 

das Geld 

der Affe 

die Tür 

Tür Affe Tasche ~~Museum~~ Geld

(7) Löse die Rätsel.

Ich sehe was, was du nicht siehst…

… und das ist braun und grün: der Baum

… und das ist rot und rund: der Ball

… und das ist gelb: die Bank

… und das ist grün und steht auf der Straße: der Bus

… und das ist braun und sitzt im Baum: der Affe

Ball Baum Haus Affe Bus Bank Pullover

Zwei Wörter sind zu viel!

Nach den Dinosauriern gehen Lotta, Toni und Paul zu den alten Uhren.

Der große Zeiger ist der Minutenzeiger. Der kleine Zeiger ist der Stundenzeiger.

(1) Lies die Uhrzeiten ab und trage beide Möglichkeiten ein.

8 Uhr
20 Uhr

10 Uhr
22 Uhr

5 Uhr
17 Uhr

7 Uhr
19 Uhr

11 Uhr
23 Uhr

9 Uhr
21 Uhr

1 Uhr
13 Uhr

12 Uhr
24 Uhr

5 Uhr morgens oder **17 Uhr** nachmittags.

(2) Schaue dir Peppis Tag an. Trage die Uhrzeiten ein.

 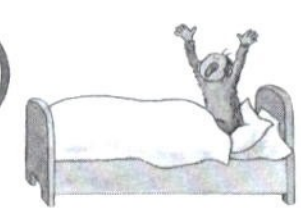

8 Uhr

11 Uhr

13 Uhr

16 Uhr

20 Uhr

23 Uhr

Und wann stehst du morgens auf?

individuelle Lösung

③ Rechne. Trage die passenden Buchstaben ein.

9 + 8 = 17 I
14 − 7 = 7 C
7 − 2 = 5 H

8 + 5 = 13 K
11 − 9 = 2 E
13 − 5 = 8 N
4 + 4 = 8 N
16 − 14 = 2 E

6 + 8 = 14 D
20 − 3 = 17 I
10 − 8 = 2 E

17 − 11 = 6 U
9 − 4 = 5 H
6 + 5 = 11 R

E	H	U	C	N	R	K	D	I
2	5	6	7	8	11	13	14	17

Lösungssatz:

Ich kenne die Uhr.

④ Setze ⊕ oder ⊖ ein.

19 (−) 6 = 13
6 (+) 5 = 11
14 (+) 3 = 17
12 (−) 5 = 7
17 (−) 6 = 11
14 (+) 4 = 18
20 (−) 6 = 14
18 ( ) 6 − 12
15 (+) 5 = 20
19 (−) 9 = 10

13 (−) 4 = 9
16 (+) 3 = 19
9 (+) 8 = 17
12 (−) 7 = 5
17 (+) 2 = 19
14 (−) 7 = 7
18 (−) 3 = 15
11 (−) 5 = 6
13 (+) 6 = 19
20 (−) 10 = 10

Ich liebe das Bananen-Museum.

Heute gehen Lotta, Paul und Toni in den Zoo. Hier gibt es viel zu sehen.

① Wer macht was? Schreibe auf.

trinkt
brüllt
hüpft
läuft

klettert
schläft
frisst

Der Elefant trinkt.
Der Löwe brüllt.
Der Eisbär schläft.
Der Affe klettert.
Die Giraffe frisst.
Das Känguru hüpft.
Das Zebra läuft.

② Welches Wort passt nicht zu den anderen Wörtern? Streiche durch.

Tiger
Pinguin
Kamel
Schlange
~~Futter~~

Kekse
Schokolade
Eis
~~Rucksack~~
Bonbons

Gehege
Käfig
~~Schlüssel~~
Aquarium
Weide

~~Straße~~
Wiese
Heu
Blätter
Gras

Krallen
Flügel
Schnabel
~~Brille~~
Pfote

Federn
Fell
~~Schuhe~~
Schuppen
Haut

③ In jeder Zeile hat sich ein Wort versteckt. Kreise ein.

R	T	S	L	J	U	O	L	Ö	W	E	M	B	V
K	R	O	K	O	D	I	L	F	T	V	C	G	Y
X	C	D	F	A	K	G	O	R	I	L	L	A	P
S	P	A	P	A	G	E	I	F	C	R	E	F	M
K	T	U	E	I	N	G	A	N	G	D	O	H	Q
A	S	H	K	N	F	L	A	M	I	N	G	O	A
D	S	P	I	E	L	P	L	A	T	Z	U	B	M
N	W	K	A	S	S	E	M	P	Z	E	J	T	Q
S	T	R	E	I	C	H	E	L	Z	O	O	S	O

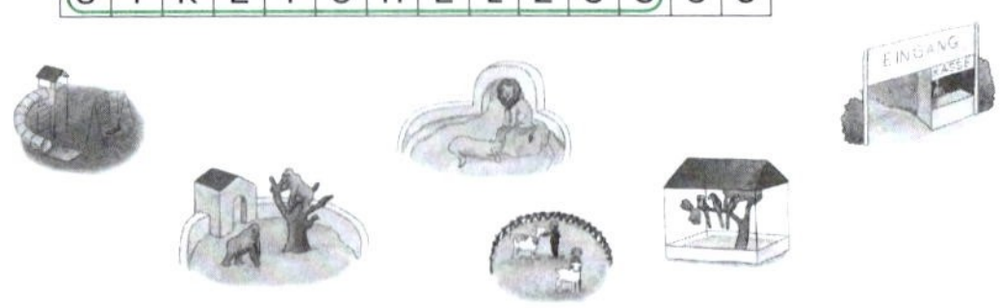

④ Schreibe sechs Wörter aus Aufgabe 3 mit Artikel (der, die, das).

der Eingang, der Löwe, das Krokodil, der Gorilla, der Papagei, der Flamingo, der Spielplatz, der Streichelzoo

⑤ Male die Reimwörter in der gleichen Farbe aus.

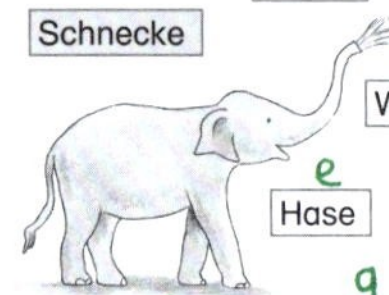

Nest (a), Wiese (b), Baum (c), Schnecke, Wind (d), Hase (e), Tasche (f), Rose (g)

Hose (g), Flasche (f), Nase (e), Kind (d), Traum (c), Riese (b), Decke, Fest (a)

Schreibe eigene Reimpaare.

________ – ________

________ – ________

________ – ________

individuelle Lösung

> Apfelmus und Spiegelei sind dem Affen einerlei,
> denn er liebt Bananenbrei.

Im Zoo sehen die Kinder viele Tiere.

Beim Zählen hilft dir eine Strichliste. 卌

① Zähle die Flächen und male sie in der richtigen Farbe an.

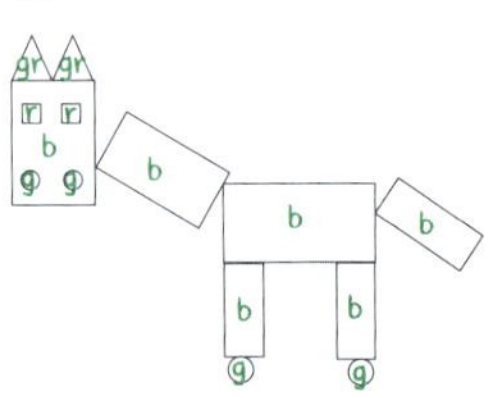

●	▲	▬	■
IIII	II	卌I	II

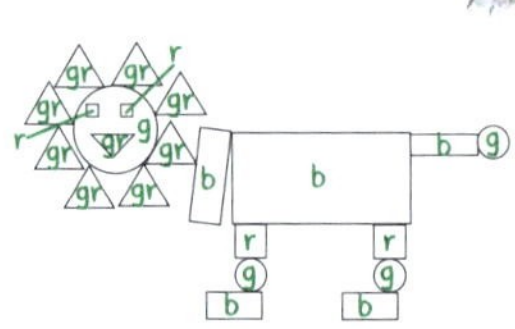

●	▲	▬	■
IIII	卌IIII	卌	IIII

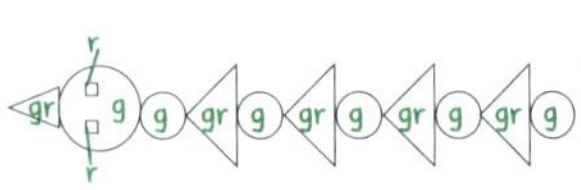

●	▲	▬	■
卌I	卌		II

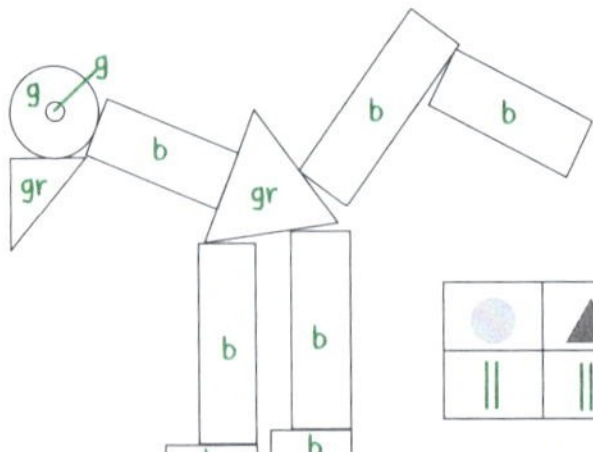

●	▲	▬	■
II	II	卌II	

g = gelb gr = grün b = blau r = rot

② Rechne und male aus.

4 =  6 =  8 =  12 =  16 =

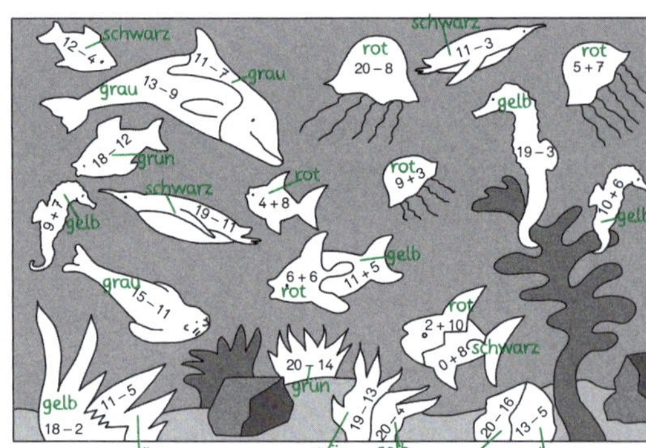

Zähle die Tiere.

	卌		III		II
	III		I	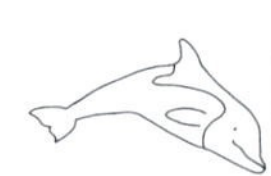	I

③ Finde die Tauschaufgabe. Rechne.

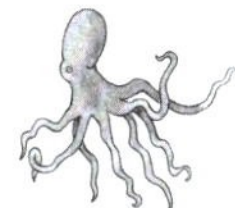

5 + 9 = 14 9 + 5 = 14	4 + 8 = 12 8 + 4 = 12	6 + 9 = 15 9 + 6 = 15
4 + 7 = 11 7 + 4 = 11	2 + 14 = 16 14 + 2 = 16	5 + 12 = 17 12 + 5 = 17
3 + 11 = 14 11 + 3 = 14	7 + 13 = 20 13 + 7 = 20	2 + 9 = 11 9 + 2 = 11
6 + 12 = 18 12 + 6 = 18	4 + 14 = 18 14 + 4 = 18	2 + 16 = 18 16 + 2 = 18

Finde eigene Aufgaben und ihre Tauschaufgaben.

individuelle Lösung

Was für ein schöner Sommertag. Die Kinder verbringen den Tag am See.

① Schau und lies. Kann das stimmen? Kreuze an.

	ja	nein
Fische schwimmen im See.	X	
Frösche fliegen auf den Baum.		X
Eine Ente brütet im Nest.	X	
Die Sonne scheint in der Nacht.		X
Der Schwan frisst Schokolade.		X
Die Enten tauchen nach Futter.	X	
Der Hund liegt auf der Decke.	X	
Das Wasser ist trocken.		X

② Lies. Kreise die Wörter ein. Schreibe den Satz.

Satzanfänge und Nomen schreibt man groß.

Fünf Frösche quaken.

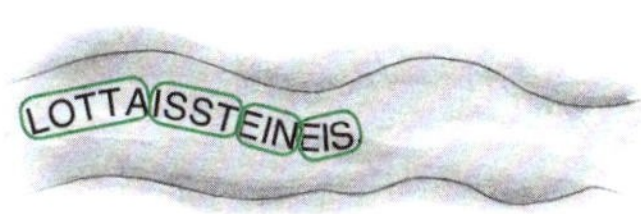

Lotta isst ein Eis.

Peppi sitzt im Boot.

③ Was beginnt mit **St**? Kreise grün ein.

④ Schreibe die Wörter geordnet auf.

Spinne Stirn Streit Spiegel stricken Sport
still spielen Stunde sprechen

Wörter mit **Sp** / **sp**: Spinne, Spiegel, Sport
spielen, sprechen

Wörter mit **St** / **st**: Stirn, Streit, stricken,
still, Stunde

Schreibe einen Satz mit **Sp** / **sp**- und **St** / **st**-Wörtern.

individuelle Lösung

Adjektive sagen dir, wie etwas ist.

(5) Wie sind die Dinge? Schreibe.

langsam | hart | rund | lecker

heiß	hoch
nass	langsam
grün	hart
lecker	rund

hoch | heiß | nass | grün

(6) Schreibe Sätze. Male.

bunt — bunt | Luftmatratze

Die Luftmatratze ist bunt.

gelb — gelb | Blume

Die Blume ist gelb.

blau — blau | Badehose

Die Badehose ist blau.

rot — rot | Boot

Das Boot ist rot.

(1) Toni, Lotta und Paul wollen sich am See ein Eis kaufen. Es gibt 3 Sorten. Jedes Kind möchte 3 Kugeln. Welche unterschiedlichen Möglichkeiten haben die Kinder, sich ihr Eis zusammenzustellen? Findest du alle 10 Möglichkeiten? Male die Kugeln in den entsprechenden Farben an.

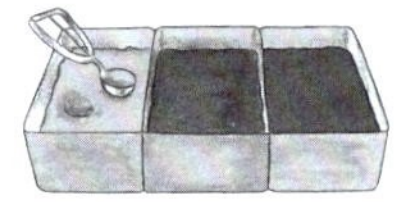

S = Schokolade K = Kirsche M = Mango

(2) Rechne in den Tabellen.

+	3	6
7	10	13
12	15	18

7 + 3 = 10
12 + 3 = 15

+	7	3	6	8
5	12	8	11	13
6	13	9	12	14
12	19	15	18	20
9	16	12	15	17

+	9	10	5	7
9	18	19	14	16
4	13	14	9	11
7	16	17	12	14
10	19	20	15	17

–	8	4	9	3
10	2	6	1	7
15	7	11	6	12
13	5	9	4	10
9	1	5	0	6

–	5	11	7	12
20	15	9	13	8
16	11	5	9	4
12	7	1	5	0
19	14	8	12	7

(3) Drei Zahlen, vier Aufgaben.

3 5 8

3 + 5 = 8
5 + 3 = 8
8 – 3 = 5
8 – 5 = 3

5 7 12

5 + 7 = 12
7 + 5 = 12
12 – 5 = 7
12 – 7 = 5

14 3 11

11 + 3 = 14
3 + 11 = 14
14 – 11 = 3
14 – 3 = 11

12 8 20

12 + 8 = 20
8 + 12 = 20
20 – 12 = 8
20 – 8 = 12

8 9 17

8 + 9 = 17
9 + 8 = 17
17 – 8 = 9
17 – 9 = 8

6 13 19

13 + 6 = 19
6 + 13 = 19
19 – 6 = 13
19 – 13 = 6

4 Welche Zahlen fehlen? Trage ein.

Mauer	Spitze	Mitte	Unten
1	19	11 · 8	5 · 6 · 2
2	20	9 · 11	1 · 8 · 3
3	16	7 · 9	3 · 4 · 5
4	18	13 · 5	12 · 1 · 4
5	9	4 · 5	2 · 2 · 3
6	20	6 · 14	6 · 0 · 14

Bilde eigene Zahlenmauern.

individuelle Lösung

Lotta, Paul und Toni übernachten heute im Garten.
Sie bauen ihr Zelt auf.
Es wird dunkel. Die Kinder schlüpfen in ihre Schlafsäcke
und erzählen sich Gruselgeschichten.
Was ist das für ein Geräusch? Ein Gespenst?
Sie schalten ihre Taschenlampen ein.
Da sehen sie Peppi. Er knabbert an den Keksen.
So ein frecher Peppi.

1 Kreuze an.

Wo übernachten die Kinder?
☐ am See ☒ im Garten ☐ im Wald

Was erzählen sich die Kinder?
☐ Märchen ☐ Witze ☒ Gruselgeschichten

Woran knabbert Peppi?
☒ Kekse ☐ Kuchen ☐ Brot

Wen sehen die Kinder?
☐ ein Gespenst ☒ Peppi ☐ einen Igel

2 Schreibe die Sätze richtig auf.

schlafen · Die Kinder · im Zelt. · heute

Die Kinder schlafen heute im Zelt.

hell · Die Sterne · in der Nacht. · leuchten

Die Sterne leuchten hell in der Nacht.

knabbert · Peppi · an den Keksen. · heimlich

Peppi knabbert heimlich an den Keksen.

Satzanfänge schreibe ich groß.

3 Bilde die Mehrzahl. Schreibe. Kreise dann den richtigen Buchstaben ein.

Verlängere das Wort. Dies hilft dir den richtigen Endlaut zu hören.

Zwer…	(g) / k	Zwerge
Ber…	(g) / k	Berge
Kin…	t / (d)	Kinder
Hu…	d / (t)	Hüte
Hun…	(d) / t	Hunde
Kor…	p / (b)	Körbe
Die…	(b) / p	Diebe

④ Löse das Kreuzworträtsel.

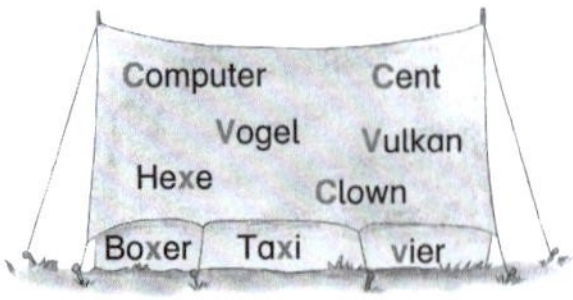

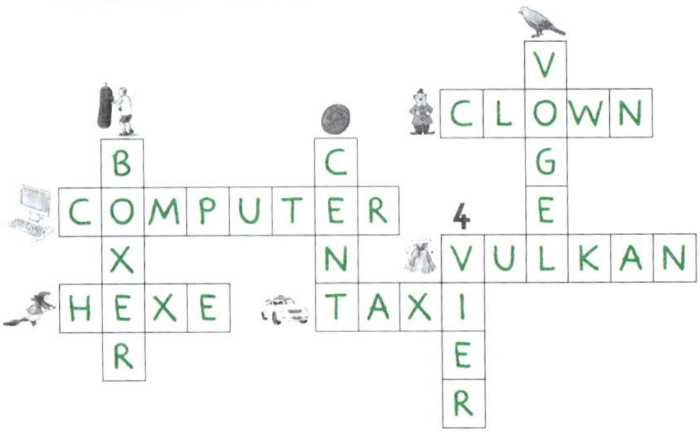

Schreibe deine Lieblingswörter auf.

individuelle Lösung

① Die Kinder möchten sich ein neues Zelt kaufen. Sie zählen wie viel Geld jeder hat. Wie viel Geld haben die Kinder insgesamt?

12 €

15 €

9 €

12 € + 15 € + 9 € = 36 €

Insgesamt haben die Kinder 36 €.

② Ein neues Zelt kostet 80 Euro. Leider reicht das Geld der Kinder dafür nicht. Daher verkaufen sie alte Spielsachen.

Fülle die Tabelle aus.
Mit welchen Scheinen und Münzen kann bezahlt werden?
Verwende möglichst wenig Scheine und Münzen.

	10 €	5 €	2 €	1 €	Betrag in €
(Ball)			2		4 €
(Teddy)		1	1		7 €
(Skateboard)	1			1	11 €
(Auto)	1	1		1	16 €
(Puppe)		1	1	1	8 €
(Buch)			1	1	3 €

③ Klara kommt vorbei. Sie hat 11 Euro und möchte zwei Sachen kaufen. Was kann sie kaufen?
1. Buch und Ball: 3 € + 4 € = 7 €
2. Ball und Teddy: 4 € + 7 € = 11 €
3. Teddy und Buch: 7 € + 3 € = 10 €
4. Puppe und Buch: 8 € + 3 € = 11 €

④ Rechne.

Ball: 4 €
Teddy: 7 €
Skateboard: 11 €
Auto: 16 €
Puppe: 8 €
Buch: 3 €

a) Eine Mutter kommt mit ihrem Kind vorbei.
Sie kaufen das Auto und den Teddy.
Frage: Wie viel müssen sie bezahlen?

Rechnung:
16 € + 7 € = 23 €

Antwort: Sie müssen 23 € bezahlen.

b) Nach einer Stunde hat Toni sein Skateboard verkauft, Lotta ihr Buch und Paul seinen Teddy.
Frage: Wie viel Euro haben die Kinder eingenommen?

Rechnung:
11 € + 3 € + 7 € = 21 €

Antwort: Sie haben 21 € eingenommen.

c) Anne hat 15 Euro. Sie kauft die Puppe und den Ball.
Frage: Wie viel Geld hat sie noch?

Rechnung:
4 € + 8 € = 12 €   15 € – 12 € = 3 €

Antwort: Sie hat noch 3 €.

d) Leon kauft das Buch und das Skateboard.
Er bezahlt mit einem 20-€-Schein.
Frage: Wie viel Wechselgeld bekommt er?

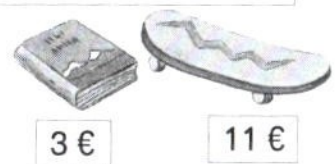

Rechnung:
11 € + 3 € = 14 €   20 € – 14 € = 6 €

Antwort: Er bekommt 6 € Wechselgeld.

e) Am Ende des Tages haben die Kinder alle Spielsachen verkauft.

Frage: Wie viel Geld haben sie insgesamt eingenommen?
Rechnung:
4 € + 7 € + 11 € + 16 € + 8 € + 3 € = 49 €

Antwort: Sie haben 49 € eingenommen.

f) Können die Kinder sich nun das Zelt für 80 Euro kaufen?
Denke auch an das Geld aus den Sparschweinen!

Rechnung:
49 € + 36 € = 85 €

Antwort: Sie können sich das Zelt kaufen.

Hier ist Platz zum Schreiben

Hier ist Platz zum Rechnen

220001792

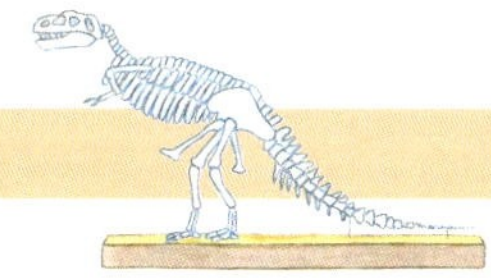

④ Setze ⊕ oder ⊖ ein.

19 (–) 6 = 13	13 ◯ 4 = 9
6 ◯ 5 = 11	16 ◯ 3 = 19
14 ◯ 3 = 17	9 ◯ 8 = 17
12 ◯ 5 = 7	12 ◯ 7 = 5
17 ◯ 6 = 11	17 ◯ 2 = 19
14 ◯ 4 = 18	14 ◯ 7 = 7
20 ◯ 6 = 14	18 ◯ 3 = 15
18 ◯ 6 = 12	11 ◯ 5 = 6
15 ◯ 5 = 20	13 ◯ 6 = 19
19 ◯ 9 = 10	20 ◯ 10 = 10

Ich liebe das Bananen-Museum.

Heute gehen Lotta, Paul und Toni in den Zoo. Hier gibt es viel zu sehen.

(1) Wer macht was? Schreibe auf.

trinkt

brüllt

hüpft

läuft

klettert

schläft

frisst

Der Elefant ______.

Der Löwe ______.

Der Eisbär ______.

Der Affe ______.

Die Giraffe ______.

Das Känguru ______.

Das Zebra ______.

2 Welches Wort passt nicht zu den anderen Wörtern? Streiche durch.

Tiger
Pinguin
Kamel
Schlange
Futter

Kekse
Schokolade
Eis
Rucksack
Bonbons

Gehege
Käfig
Schlüssel
Aquarium
Weide

Straße
Wiese
Heu
Blätter
Gras

Krallen
Flügel
Schnabel
Brille
Pfote

Federn
Fell
Schuhe
Schuppen
Haut

3 In jeder Zeile hat sich ein Wort versteckt. Kreise ein.

R	T	S	L	J	U	O	L	Ö	W	E	M	B	V
K	R	O	K	O	D	I	L	F	T	V	C	G	Y
X	C	D	F	A	K	G	O	R	I	L	L	A	P
S	P	A	P	A	G	E	I	F	C	R	E	F	M
K	T	U	E	I	N	G	A	N	G	D	O	H	Q
A	S	H	K	N	F	L	A	M	I	N	G	O	A
D	S	P	I	E	L	P	L	A	T	Z	U	B	M
N	W	K	A	S	S	E	M	P	Z	E	J	T	Q
S	T	R	E	I	C	H	E	L	Z	O	O	S	O

4 Schreibe sechs Wörter aus Aufgabe 3 mit Artikel (der, die, das).

der Eingang

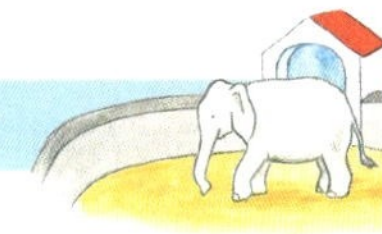

(5) Male die Reimwörter in der gleichen Farbe aus.

Nest

Wiese

Baum

Schnecke

Wind

Hase

Rose

Tasche

Flasche

Hose

Nase

Kind

Traum

Riese

Decke

Fest

Schreibe eigene Reimpaare.

_______________ – _______________

_______________ – _______________

_______________ – _______________

Apfelmus und Spiegelei sind dem Affen einerlei,
denn er liebt Bananenbrei.

Im Zoo sehen die Kinder viele Tiere.

Beim Zählen hilft dir eine Strichliste. 𝍸

1 Zähle die Flächen und male sie in der richtigen Farbe an.

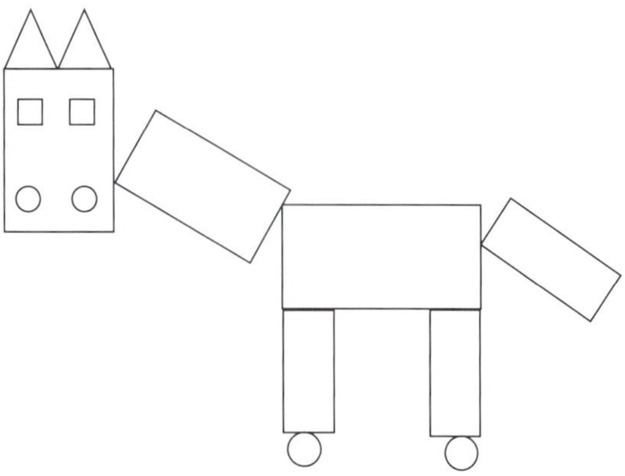

●	▲	▬	■
IIII			

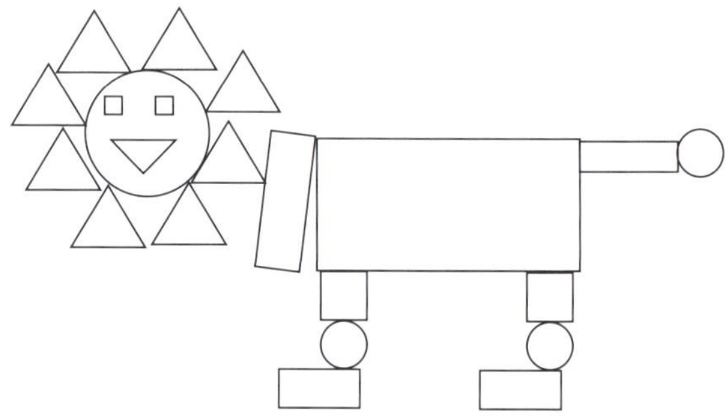

●	▲	▬	■

●	▲	▬	■

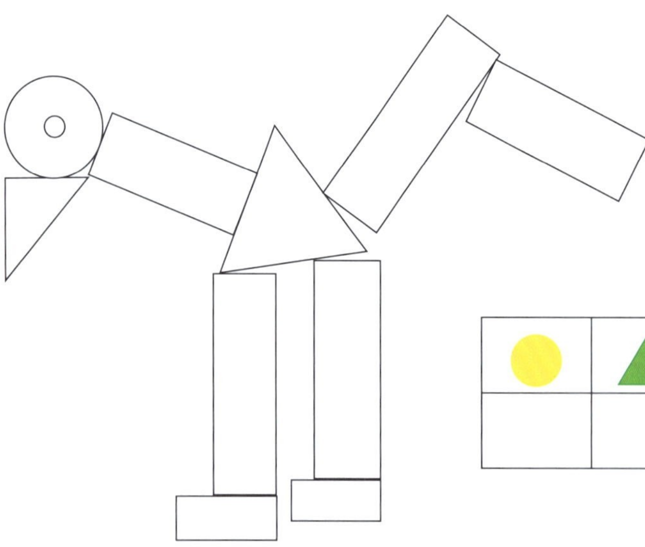

●	▲	▬	■

2 Rechne und male aus.

4 = 6 = 8 = 12 = 16 =

Zähle die Tiere.

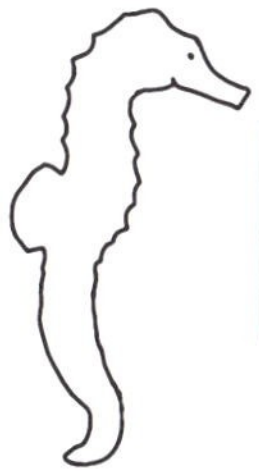
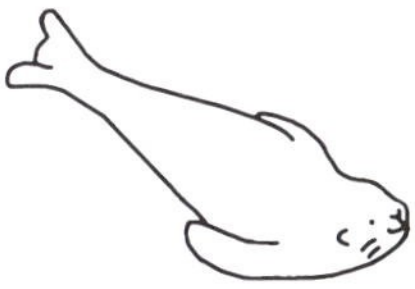
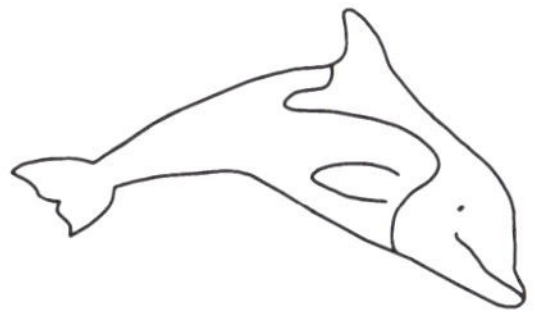

③ Finde die Tauschaufgabe. Rechne.

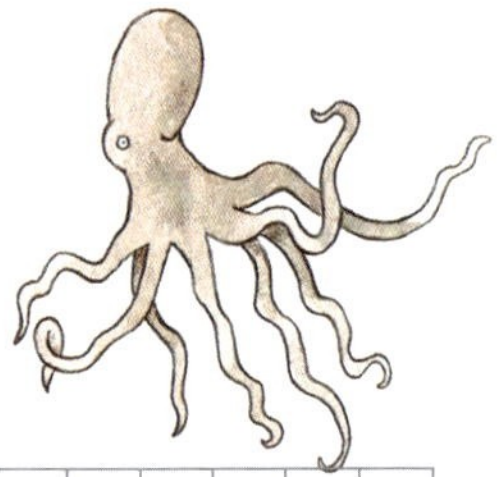

5 + 9 = 14
9 + 5 = 14

4 + 8 =

6 + 9 =

4 + 7 =

2 + 14 =

5 + 12 =

3 + 11 =

7 + 13 =

2 + 9 =

6 + 12 =

4 + 14 =

2 + 16 =

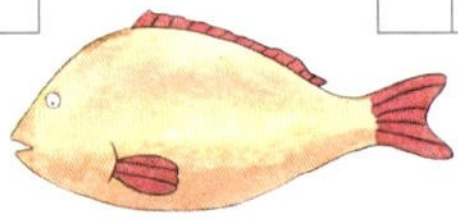

Finde eigene Aufgaben und ihre Tauschaufgaben.

Was für ein schöner Sommertag. Die Kinder verbringen den Tag am See.

(1) Schau und lies. Kann das stimmen? Kreuze an.

	ja	nein
Fische schwimmen im See.	☐	☐
Frösche fliegen auf den Baum.	☐	☐
Eine Ente brütet im Nest.	☐	☐
Die Sonne scheint in der Nacht.	☐	☐
Der Schwan frisst Schokolade.	☐	☐
Die Enten tauchen nach Futter.	☐	☐
Der Hund liegt auf der Decke.	☐	☐
Das Wasser ist trocken.	☐	☐

Satzanfänge und Nomen schreibt man groß.

(2) Lies. Kreise die Wörter ein. Schreibe den Satz.

FÜNFFRÖSCHEQUAKEN.

LOTTAISSTEINEIS.

PEPPISITZTIMBOOT.

3 Was beginnt mit **St**? Kreise grün ein.

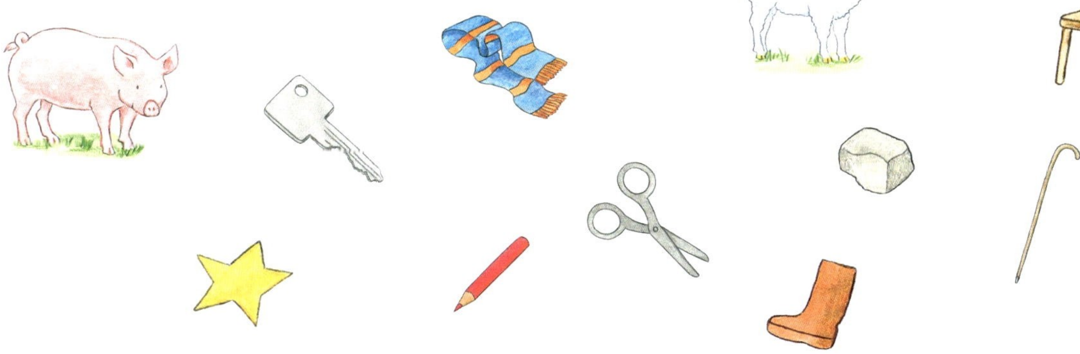

4 Schreibe die Wörter geordnet auf.

Spinne Stirn Streit Spiegel stricken Sport
still spielen Stunde sprechen

Wörter mit **Sp / sp**:

Wörter mit **St / st**:

Schreibe einen Satz mit **Sp / sp**- und **St / st**-Wörtern.

Adjektive sagen dir, wie etwas ist.

5 Wie sind die Dinge? Schreibe.

langsam | hart | rund | lecker

hoch | heiß | nass | grün

6 Schreibe Sätze. Male.

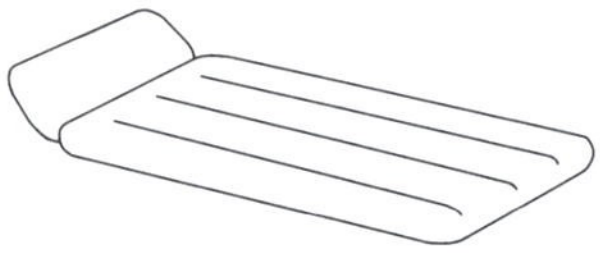

bunt | Luftmatratze

Die Luftmatratze ist bunt.

gelb | Blume

blau | Badehose

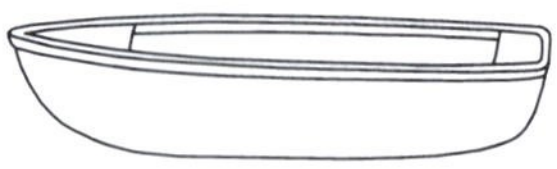

rot | Boot

① Toni, Lotta und Paul wollen sich am See ein Eis kaufen. Es gibt 3 Sorten. Jedes Kind möchte 3 Kugeln. Welche unterschiedlichen Möglichkeiten haben die Kinder, sich ihr Eis zusammenzustellen? Findest du alle 10 Möglichkeiten? Male die Kugeln in den entsprechenden Farben an.

(2) Rechne in den Tabellen.

+	3	6
7	10	
12	15	

7 + 3 = 10
12 + 3 = 15

+	7	3	6	8
5				
6				
12				
9				

+	9	10	5	
9				16
4				
7				
	19			

–	8	4	9	3
10				
15				
13				
9				

–		11		12
20				
16	11			
12			5	
19				

3 Drei Zahlen, vier Aufgaben.

3 5 8

3 + 5 = 8
5 + 3 = 8
8 − 3 = 5
8 − 5 = 3

5 7 12

___ + ___ = ___
___ + ___ = ___
___ − ___ = ___
___ − ___ = ___

14 3 11

___ + ___ = ___
___ + ___ = ___
___ − ___ = ___
___ − ___ = ___

12 8 20

___ + ___ = ___
___ + ___ = ___
___ − ___ = ___
___ − ___ = ___

8 ___ 17

___ + ___ = ___
___ + ___ = ___
___ − ___ = ___
___ − ___ = ___

___ 13 19

___ + ___ = ___
___ + ___ = ___
___ − ___ = ___
___ − ___ = ___

4 Welche Zahlen fehlen? Trage ein.

Bilde eigene Zahlenmauern.

Lotta, Paul und Toni übernachten heute im Garten.
Sie bauen ihr Zelt auf.
Es wird dunkel. Die Kinder schlüpfen in ihre Schlafsäcke
und erzählen sich Gruselgeschichten.
Was ist das für ein Geräusch? Ein Gespenst?
Sie schalten ihre Taschenlampen ein.
Da sehen sie Peppi. Er knabbert an den Keksen.
So ein frecher Peppi.

1 Kreuze an.

Wo übernachten die Kinder?

☐ am See ☐ im Garten ☐ im Wald

Was erzählen sich die Kinder?

☐ Märchen ☐ Witze ☐ Gruselgeschichten

Woran knabbert Peppi?

☐ Kekse ☐ Kuchen ☐ Brot

Wen sehen die Kinder?

☐ ein Gespenst ☐ Peppi ☐ einen Igel

2 Schreibe die Sätze richtig auf.

Satzanfänge schreibe ich groß.

3 Bilde die Mehrzahl. Schreibe. Kreise dann den richtigen Buchstaben ein.

Verlängere das Wort. Dies hilft dir den richtigen Endlaut zu hören.

 Zwer_ **g / k** 

 Ber_ **g / k** 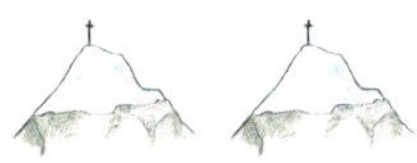

 Kin_ **t / d** 

 Hu_ **d / t** 

 Hun_ **d / t** 

 Kor_ **p / b** 

 Die_ **b / p** 

4 Löse das Kreuzworträtsel.

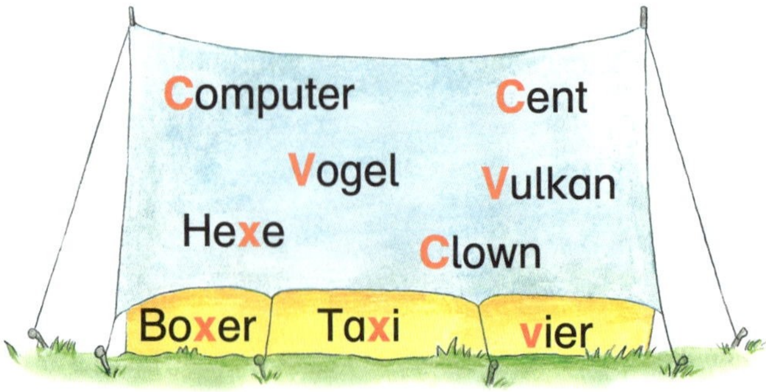

Diese Wörter musst du dir gut merken.

Schreibe deine Lieblingswörter auf.

① Die Kinder möchten sich ein neues Zelt kaufen. Sie zählen wie viel Geld jeder hat. Wie viel Geld haben die Kinder insgesamt?

_______ €

_______ €

_______ €

_____ € + _____ € + _____ € = _____ €

Insgesamt haben die Kinder _____ €.

2 Ein neues Zelt kostet 80 Euro. Leider reicht das Geld der Kinder dafür nicht. Daher verkaufen sie alte Spielsachen.

Fülle die Tabelle aus.
Mit welchen Scheinen und Münzen kann bezahlt werden?
Verwende möglichst wenig Scheine und Münzen.

	10 €	5 €	2 €	1 €	Betrag in €
			2		4 €

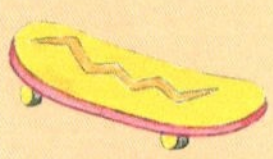					

3 Klara kommt vorbei. Sie hat 11 Euro und möchte zwei Sachen kaufen. Was kann sie kaufen?

1. Buch und Ball: 3 € + 4 € = 7 €

2. ________ und ________ : ____ € + ____ € = ____ €

3. ________ und ________ : ____ € + ____ € = ____ €

4. ________ und ________ : ____ € + ____ € = ____ €

4 Rechne.

a) Eine Mutter kommt mit ihrem Kind vorbei.
Sie kaufen das Auto und den Teddy.
Frage: Wie viel müssen sie bezahlen?

Rechnung:

Antwort:

b) Nach einer Stunde hat Toni sein Skateboard verkauft,
Lotta ihr Buch und Paul seinen Teddy.
Frage: Wie viel Euro haben die Kinder eingenommen?

Rechnung:

Antwort:

c) Anne hat 15 Euro. Sie kauft die Puppe und den Ball.
Frage: Wie viel Geld hat sie noch?
Rechnung:

Antwort:

d) Leon kauft das Buch und das Skateboard.
Er bezahlt mit einem 20-€-Schein.
Frage: Wie viel Wechselgeld bekommt er?
Rechnung:

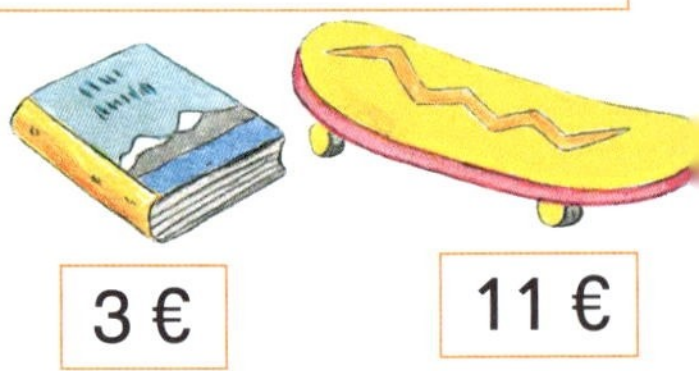

Antwort:

e) Am Ende des Tages haben die Kinder alle Spielsachen verkauft.
Frage: Wie viel Geld haben sie insgesamt eingenommen?
Rechnung:

Antwort:

f) Können die Kinder sich nun das Zelt für 80 Euro kaufen?
Denke auch an das Geld aus den Sparschweinen!
Rechnung:

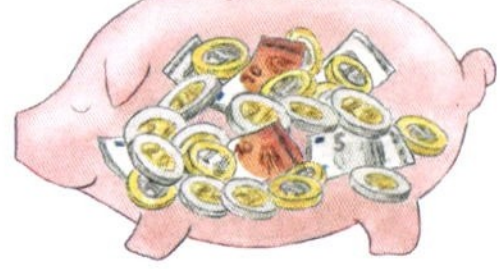

Antwort: